꼭꼭 씹어 먹는 국어

1 주장하는 글 맛있게 먹기

※ 2022년 개정 국어 교과 연계 ※

1학년 2학기 6단원 내 생각과 까닭 쓰기
2학년 1학기 6단원 인물의 생각과 까닭 찾기
2학년 2학기 7단원 자신의 생각 표현하기
3학년 1학기 3단원 까닭을 들어 주장하는 글쓰기
3학년 2학기 6단원 의견을 제시하는 글쓰기
4학년 1학기 2단원 알맞은 근거를 들어 내 의견 쓰기
4학년 2학기 1단원 다른 의견이 담긴 글 비교하며 읽기
4학년 2학기 3단원 제안하는 글쓰기

문해력 키우기

꼭꼭 씹어 먹는 국어

1
주장하는 글
맛있게 먹기

글 박현숙
그림 박기종

특서주니어

차례

따라쟁이네 집 … 6

마음대로 빵 만들기의 달인 … 10

고자질쟁이에게 걸리다 … 16

걔들도 노력한다 … 20

고민 해결 도사와의 만남 … 25

상미의 생일 … 40

서로 다른 두 의견 … 46

공부도 잘하는 제빵사 … 59

동화 작가 박현숙의 문해력 키우기!

문해력 끌어올리는 핵심 노트 … 66

문해력 끌어올리는 토론 활동 … 75

문해력 끌어올리는 독후 활동 … 77

작가의 말 … 82

따라쟁이네 집

엄마는 따라쟁이다. 민호와 수길이 엄마가 하는 대로 뭐든지 따라 한다. 민호 엄마가 레이스 달린 원피스를 사 입으면 엄마도 그런 걸 사 입는다. 수길이 엄마가 파마를 하면 엄

마도 비슷한 파마를 한다.

"개성이 있어야지. 왜 다들 똑같이 따라 하나 몰라."

아빠가 한마디 하면 엄마는 모르는 소리 하지 말라고 한다. 그러다 유행에 뒤처지게 된다고 말이다. 엄마는 민호와 수길이가 어느 학원에 다니는지 늘 궁금해했다. 애들이 다른 학원에 다니려고 테스트를 보러 가면 나도 테스트를 보게 했다.

"노민이 너도 민호랑 수길이처럼 열심히 공부하고 운동해!"

엄마는 나도 민호와 수길이를 따라서 학원에 다니면 똑같이 잘할 수 있다고 생각한다. 나는 민호가 다니는 학원에 다니고 수길이가 다니는 공부방에도 다닌다. 지금도 따라 하느라 힘든데 자꾸만 더 따라 하라고 한다. 그것뿐이면 말도 안 한다.

"민호는 꿈이 의사래. 수길이는 과학자가 돼서 노벨상을 받는 게 꿈이고. 노민이 너도 의사나 과학자 중에 하고 싶은 거 하나 골라 봐."

엄마가 이런 말을 하면 나는 참을 수가 없다. 화가 난다. 백화점에서 옷 고르는 것도 아닌데 장래 희망을 둘 중에 하나 고르라니! 고르면? 누가 시켜 준다나.

사실 나도 꿈이 있다. 나는 세계 제일의 제빵사가 되고 싶다. 내 머릿속에는 빵에 대한 아이디어가 꽉꽉 차 있다. 제빵사가 되면 그 아이디어를 꺼내 쓸 거다. 그러면 세계의 수많은 제과점 주인들이 내가 만든 빵을 팔고 싶어 할 거다. 생각만 해도 신난다. 지금 세계에서 가장 유명하다는 커피 전문점보다 더 유명해질지도 모른다.

나는 벌러덩 누워 빵 반죽하는 상상을 했다. 세계의 수많은 제과점 주인이 모두 나를 바라보고 있다.

"여러분, 이번 신제품은……."

나는 눈을 감고 중얼거렸다.

"신제품 같은 소리 하고 있네. 당장 일어나."

그때 천둥 벼락 같은 엄마 목소리가 들렸다. 상상은 와장창 깨졌다.

"수영장 가는 날이잖아! 셔틀버스 올 시간이야. 빨리 안 일어나."

엄마의 잔소리가 계속 됐다.

"민호는 수영 대회에서 상 받았잖아. 너도 열심히 해서 상 받아야지! 수영 시작한 지 며칠이나 되었다고 게으름을 피워? 어서 가."

나는 엄마에게 쫓겨 수영 가방을 들고 재빨리 집에서 나왔다.

"민호가 상 받은 거까지 따라 해야 해?"

나는 닫힌 현관문을 흘겨봤다. '501호'라고 쓰인 글씨가 눈에 들어왔다. 501호 대신 '따라쟁이 집'이라고 써서 붙이면 딱 어울리겠다.

마음대로 빵 만들기의 달인

학원 셔틀버스는 제 마음대로였다. 기다리고 싶으면 기다리고, 기다리기 싫으면 서 있는 척하다가 쌩하고 가 버렸다. 수영장 셔틀버스도 마찬가지 같다. 분명 제시간에 나온 거 같은데 기다려도 안 왔다. 어쩌면 몇 초 정도 늦었을 수도 있다. 하지만 그것도 못 기다리고 가 버린다고? 가 버린 게 분명했다.

'집에 가면 야단맞을 텐데.'

나는 백화점이 있는 큰길로 나갔다. 결석했다는 전화를 받으면 엄마는 당장 나에게 전화할 거다. 하지만 그건 나중 문제다. 야단을 미리 맞을 필요는 없다.

'와, 저게 뭐지? 재미있는 거 하나 보다.'

백화점 건너편에 풍선이 날아오르고 사람들이 모여 있었다. 음악 소리도 요란했다. 나는 재빨리 그곳으로 달려갔다. 제과점 앞에서 이벤트를 하고 있었다.

- 창의적인 빵 만들기의 달인을 찾습니다

제과점 앞에는 현수막이 펄럭이고 있었다. 길게 놓인 탁자에는 빵 만드는 도구와 재료가 놓여 있었다.

"뭣 좀 여쭤봐도 돼요? 창의적인 게 무슨 말이에요?"

나는 옆에 서 있는 아줌마에게 물었다.

"자신만의 독특한 생각을 말하는 거야."

아줌마 옆에 있던 아저씨가 대신 대답했다. 자신만의 독특한 생각? 그럼 내 마음대로 하는 게 창의적이라는 뜻이다.

'내 마음대로, 상상한 대로 빵 만드는 달인을 찾는다는 말이네!'

그 생각을 하자 갑자기 가슴이 콩콩 뛰었다. 나도 하고 싶었다.

"어린이가 해도 되나요?"

나는 손을 번쩍 들고 물었다.

"그럼요. 나이와 성별을 가리지 않아요."

흰 가운을 입고, 희고 긴 모자를 쓴 제빵사가 대답했다.

"빵 만들 줄 알아?"

옆에 서 있는 아줌마가 물었다.

"그럼요. 빵 만드는 책을 얼마나 열심히 보는데요. 저는 빵 만드는 게 세상에서 제일 재미있거든요."

나는 손을 깨끗이 씻고 소매를 걷어 올린 다음 탁자 앞에 섰다.

"반죽해서 완성하는 데까지 두 시간이 주어집니다."

제빵사는 두 시간이라는 말에 힘을 주었다.

나는 밀가루와 여러 가루를 체에 내린 다음 우유를 넣었다. 정확하게 무게를 달아 넣는 것도 잊지 않았다. 옆을 보니 반죽에 과일을 갈아 넣은 사람들도 있었다.

"배와 무 주세요."

"배와 무를 달라고? 빵에 그걸 넣을 거니? 아주 특별한 재료구나."

아저씨가 놀란 목소리로 말했다.

"창의적인 빵을 만들 거거든요. 비타민이 풍부하고 변비에도 좋은 빵."

나는 배와 무의 무게를 달아 넣고 반죽을 했다.

"180도에서 20분 23초간 구워 주세요."

제빵사 아저씨는 종이에 시간을 받아 적어 갔다. 잠시 후, 내가 만든 빵이 노릇노릇 완성되었다. 나는 내가 만든 빵이

담긴 접시에 '배무빵-방노민'이라고 적어 붙였다. 드디어 사람들이 만든 빵이 모두 완성되고 심사가 시작되었다. 제빵사 다섯 명과 구경하는 사람들이 심사 위원이었다. 심사 위원들은 작게 자른 빵들을 먹어 봤다.

"창의적인 빵 만들기의 달인은⋯⋯ 방노민!"

달인을 발표하는 순간, 몸이 붕붕 떠오를 정도로 기뻤다.

"대단하다, 대단해!"

사람들이 칭찬해 주었다. 나는 상품으로 '빵 하루 마음대로 먹기 쿠폰'을 받았다.

"제빵사님. 제빵사님에게 빵 만드는 걸 배우면 안 될까요? 저를 제자로 받아 주세요."

나는 제빵사에게 진심으로 말했다.

"너 같은 빵 만들기 천재를 가르친다면 나야 영광이지. 매일은 곤란하고 일주일에 한 번 정도는 괜찮다. 하지만 부모님 허락을 받아야 해."

부모님 허락을 받으라고? 엄마가 절대 허락할 리 없다.

엄마는 현관문을 열자마자 소리부터 지르며 화를 냈다.

"방노민! 수영장도 안 가고 대체 어디 가서 뭐하다 오는 거야? 전화도 안 받아서 지금 막 경찰서에 신고하려고 했는데. 어디 갔다 온 거야? 응?"

"겨우 두 시간 삼십 분 정도 사라졌다고 신고를 한다고?

내가 무슨 어린 애도 아니고."

 나는 한마디 했다가 엄마한테 더 야단맞았다. 빵을 배우겠다는 말은 꺼내면 안 될 거 같았다. 그 말을 했다가는 집에서 쫓겨날 수도 있겠다는 생각이 들었다.

 "어디 갔다 왔느냐고?"

 엄마가 계속 물었다. 대답하기 전까지는 포기할 거 같지 않았다. 나는 어쩔 수 없이 빵 만들기 달인이 되었다는 말을 했다.

 "일주일에 한 번만 빵 만드는 걸 배우면 안 될까?"

 나는 조심스럽게 물었다. 엄마가 눈을 부릅떴다. 차라리 그 말은 하지 않는 게 나을 걸 그랬다. 엄마는 그동안 학원에서 봤던 시험 결과를 쉬지 않고 말했다. 민호와 수길이가 받은 점수가 나와 얼마나 차이 나는지도 줄줄 말했다. 어떻게 남의 아들 시험 점수까지 정확히 알고 있는지 신기할 정도였다.

 "다음 달에 학원이랑 공부방 평가 시험에서 민호와 수길이를 이기면 한번 생각해 볼게. 특히 국어! 아휴, 왜 그렇게 국어를 못하는지 도무지 알 수가 없어. 알았어?"

 엄마는 말도 안 되는 소리를 했다. 내가 무슨 수로 민호와 수길이를 이긴담.

고자질쟁이에게 걸리다

"지난 시간에 주장이 담긴 글에 대해 배웠죠? 선생님이 나눠 주는 이 글을 읽고 주장과 까닭을 구분해 보세요."
선생님이 종이 한 장씩을 나눠 줬다.

- 패스트푸드에 대해 어떻게 생각하나?

"어제 배운 대로 집중해서 읽어 보면 주장과 까닭이 눈에 쏙 들어올 거예요."
선생님은 어제 배운 대로 하라고 했다. 그런데 어제 배운 게 뭔지 도무지 생각나지 않았다.
'뭐가 주장이고 뭐가 까닭이야?'
아무리 읽어도 눈에 쏙 들어오는 건 없었다.
"방노민. 이 글에서 주장하고 있는 게 뭐죠?"
하필이면 선생님이 내 이름을 불렀다. 나는 몸을 배배 틀며

일어났다. 아이들의 시선이 모두 내게 쏠렸다.

"주장은……."

"주장은?"

나와 눈이 마주친 선생님이 환하게 웃었다. 솔직히 주장과 까닭을 구분하는 건 어렵다. 재미없는 글은 머릿속에 들어오지 않는다. 하지만 모른다고 말하면 자리에 앉을 수 없다.

"저는 패스트푸드가 엄마가 만들어 주는 음식보다 훨씬 맛있어요. 날마다 먹고 싶은 음식이에요."

와하하하하하.

교실은 금세 웃음바다가 되었다. 민호는 책상까지 두드리며 웃었다.

"방노민. 선생님은 나눠 준 글을 읽고 주장과 까닭을 찾아보라고 한 거야. 네 주장을 말하라고 한 게 아니고."

선생님 표정이 약간 일그러졌다. 민호가 또 책상을 두드리며 웃었다.

'어쩌지? 민호한테 딱 걸렸어.'

민호는 학교에서 있었던 일을 자기 엄마한테 다 말하는 아이다. 그러면 당연히 우리 엄마도 알게 된다.

나는 수업이 끝나자마자 제일 먼저 교실에서 뛰어나왔다. 그러고는 곧장 학교 앞 분식집으로 갔다. 있는 돈을 탈탈 털어 닭꼬치를 샀다. 비싸서 마음대로 사 먹지도 못하는 꼬치였다.

"이거 먹어라. 오늘따라 냄새가 더 달콤하고 고소하네."

나는 교문을 나서는 민호에게 닭꼬치를 공손히 내밀었다.

"이걸 왜 나한테 줘?"

민호가 피식 웃으며 물었다. 왜 주는지 다 알고 있으면서 저러는 거다.

"그런데 어쩌냐? 나는 이런 거 먹기 싫은데."

민호가 닭꼬치를 뿌리쳤다. 비싼 닭꼬치는 허공을 한 바퀴 돈 다음 땅바닥에 떨어졌다. 너무 화가 나서 눈앞에 불빛이 번쩍이는 것 같았다. 그래서 나도 모르게 민호를 밀어 버렸다. 민호가 엉덩방아를 찧으며 넘어졌다. 나는 닭꼬치를 주워 들고 앞만 보고 달렸다. 한참 달리다 보니 공원 입구였다.

"휴우, 큰일 났다."

학교에서 일어난 일도 큰일이고, 민호를 밀어 버린 일도 큰일이었다. 민호 엄마가 우리 엄마에게 전화할 거다. 전화를 받은 엄마가 어떤 표정일지 눈앞에 훤히 그려졌다.

"어휴, 어떡하지."

나는 벤치에 벌러덩 누워 버렸다.

개들도 노력한다

개 한 마리가 코를 킁킁거리며 다가왔다. 닭꼬치를 높이 들었더니 개는 앞다리를 번쩍 들고 닭꼬치를 향해 섰다.

"그렇게 먹고 싶냐? 먹고 싶으면 먹어라."

나는 닭꼬치에 묻은 모래를 털어 내고 개에게 내밀었다. 개는 닭꼬치를 맛있게 먹었다. 얼마나 맛있게 먹는지 내 입에 침이 고일 정도였다.

"예삐, 예삐야."

저만큼에서 여자아이가 여러 마리의 개들과 달려왔다. 어디서 많이 보던 아이였다. 이상미였다.

"뭐 먹었어? 아무거나 먹으면 안 돼. 큰일 나."

이상미는 개 입에 묻은 소스를 닦으며 말했다.

"너 우리 개한테 이상한 거 줬어? 아니, 이게 누구야? 표범 무늬 수영복이네?"

이상미도 나를 알아봤다.

이상미는 내가 다니는 수영장에서 얄미운 아이 1호다. 말하는 것도 행동하는 것도 다 얄밉기 때문이다.

"수영을 못하면서 눈에 띄는 수영복을 입는 건 '나는 수영을 지독하게 못합니다'라고 광고하는 거나 마찬가지야."

상미는 내 표범 무늬 수영복을 볼 때마다 그렇게 말했다.

"아무거나 먹인 거 아니거든. 비싼 닭꼬치 줬거든."

"오호, 그래? 생각보다 착하네. 너도 강아지를 좋아하는 모양이구나?"

상미가 내 옆에 앉자, 개들도 상미 앞에 넙죽 엎드렸다. 편안한 모양이었다.

"너희들은 좋겠다."

나는 개들이 부러웠다. 놀고 싶으면 놀고, 자고 싶으면 자고 얼마나 좋을까. 가만있어도 예쁘다는 칭찬도 듬뿍 받고 말이다.

"크크크, 너는 강아지들이 부럽냐?"

상미가 웃었다.

"응. 아무것도 안 해도 되잖아. 뭘 하려고 노력하지 않아도 상관없으니까 얼마나 좋아."

"아니야. 강아지들도 얼마나 노력을 많이 하는데. 주인에게 자신의 주장을 알려야 하거든. 배고플 때, 아플 때, 놀고 싶을 때, 친구가 못살게 굴 때, 산책하고 싶을 때, 주인이 다 알아서

해 주는 건 아니니까. 어떻게 하면 주인에게 자신의 주장을 빨리 알릴 수 있을까, 강아지들도 날마다 고민하고 노력해."

주장이라는 말에 가슴이 덜컥 내려앉았다. 학교에서 있었던 일을 잠시 잊고 있었다. 나는 땅이 꺼져라 한숨을 쉬었다.

"왜 그래? 무슨 일 있니? 무슨 일인지 모르지만 내가 도와줄 수 있으면 도와줄게. 나는 강아지를 좋아하는 사람 편이거든."

얄미운 아이인 줄만 알았는데 상미에게 다정한 면도 있었다.

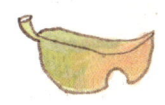

"학교에서 일이 좀 있었어. 그래서 집에 들어가기가 무서워."

　나는 학교에서 있었던 일을 상미에게 말했다. 상미에게 이런 말을 해도 되나 잠시 망설였지만, 진지하게 듣는 상미 표정 덕분에 마음이 놓였다. 상미는 민호와는 다르게 어떤 비밀이라도 지켜 줄 거 같았다.

"나는 주장하는 글의 달인인데."

내 말을 다 듣고 난 상미가 말했다.

"진짜야? 그럼, 나한테 비법 좀 가르쳐 줘."

나는 양손을 모아 쥐고 간절히 말했다.

"그래, 가르쳐 줄게. 나중에 우리 집에 놀러 와. 강아지랑도 놀고 주장하는 글에 대해 달인의 비법도 들으러."

상미와 나는 마주 보고 활짝 웃었다. 나는 상미와 놀다가 집으로 돌아왔다. 짐작한 대로 엄마는 머리끝까지 화가 나 있었다.

"뭐? 빵 만들기를 배우고 싶어? 어림없는 소리 하지도 마."

엄마 표정이 얼마나 무서운지 나는 아무 말도 하지 못했다.

고민 해결 도사와의 만남

나는 용돈을 탈탈 털어 강아지 간식을 샀다. 먹음직스러워 보이는 강아지 육포가 일곱 개나 들어 있는 간식이었다. 남의 집에 갈 때는 빈손으로 가는 것보다 뭔가 들고 가는 게 예의인 거 같았기 때문이다.

상미네 아파트는 언덕 위에 있었다. 땀을 흘리며 언덕 위까지 올라갔는데 하필이면 상미네 아파트 엘리베이터가 수리 중이었다. 나는 7층까지 또 땀을 뻘뻘 흘리며 올라갔다.

- 고민 있는 사람은 들어오시오. 고민 없는 사람은 돌아가시오.

"이게 뭐야?"

나는 703호 현관문에 붙어 있는 종이를 보며 당황했다. 703호! 분명 상미네 집인데. 초인종을 누를까 말까 망설이는데 현관문이 벌컥 열리더니, 상미와 비슷하게 생긴 아저씨가 나왔다.

"노민이?"

아저씨는 여기저기 뼈가 불룩 튀어나올 정도로 깡말랐다. 검은 테 안경을 썼고 수염은 고슴도치 털처럼 삐죽삐죽 자라 있었다. 후줄근한 운동복 바지는 헐렁해 보였다.

"들어오렴. 기다리고 있었어."

아저씨가 옆으로 비켜 주었다.

"헉."

안으로 들어간 나는 기절할 뻔했다. 온통 어질러진 집 안에 개들이 날뛰고 있었다.

"안녕!"

상미가 주방 쪽에서 나오며 손을 들었다.

"우리 아빠야. 유명한 웹툰 작가지. '돌아온 고민이', '덤벼라 고민 왕' 이런 웹툰 들어 봤지? 되게 유명한데. 그리고 우리

아빠는 고민 해결 도사야. 현관문에 붙은 거 봤지? 아빠는 사람들의 고민을 듣고 그걸 해결해 줘. 소문이 나서 전국에서 사람들이 찾아오거든. 우리 아빠는 얼굴만 봐도 무슨 고민이 있는지 알고 해결 방법을 알려 줘. 그리고 그 고민은 나중에 웹툰의 소재가 되는 거지."

상미가 아주 길게 자기 아빠를 소개했다. 생각해 보니 '돌아온 고민이'라는 웹툰은 들어 본 거 같기도 했다.

"흠흠, 노민이는 주장하는 글에 대한 고민이 있군. 글 안에서 주장과 까닭을 잘 찾지 못하지? 그건 주장하는 글을 제대로 읽지 못해서 그래."

내가 말하기도 전에 상미 아빠가 먼저 말했다. 상미가 싱긋 웃었다. 상미가 미리 말해 준 거다.

고민을 해결해 준다고 큰소리쳤던 상미 아빠는 라면을 끓여 먹고 벌렁 누워 텔레비전만 봤다.

나는 상미 아빠가 그림을 그리는 방으로 갔다. 컴퓨터가 몇 대나 되었다.

"와! 책도 엄청 많다."

"우리 아빠가 책을 엄청나게 좋아하거든. 이 책 읽어 볼래? 되게 재미있어."

상미가 동화책 한 권을 내밀었다. 몇 장 읽기도 전에 하품이 절로 나왔다.

"재미있기는 뭐가 재미있어? 어려운 말만 잔뜩 써 있네. 내용도 어렵고."

나는 동화책은 옆에 두고 상미 아빠가 그린 웹툰을 집어 들었다. 만화는 쉽고 재미있는 줄만 알았는데 아니었다. 유명한 웹툰 작가라더니 재미없는 만화였다. 진짜 유명한 거 맞을까?

"노민이 네 문제점이 뭔지 알겠다. 너는 배경지식도 부족하고 집중력도 떨어져. 배경지식이 부족하면 아무리 재미있는 책을 읽어도 어렵기만 하거든. 예전에 나도 그랬어.”

내가 집중력이 떨어지는 건 사실이다. 하지만 배경지식이 부족하다니. 상미가 해결 도사처럼 구는 거 같아 약간 기분이 나빠, 방에서 나왔다.

“이건 1, 2학년들도 쉽게 볼 수 있는 책이지. 받아라.”

상미 아빠가 누운 채 긴 발가락으로 책 한 권을 집어 내 쪽으로 내밀었다.

“책을 어떻게 읽어야 머릿속에 쏙쏙 들어오는지 알려 주마. 먹을 걸 먹듯, 꼭꼭 맛있게 씹어 먹는 방법이라고 할 수 있지. 한 장 넘겨라.”

“앉아서 가르쳐 주시면 안 돼요?”

“나는 만화를 그릴 때 외에는 주로 누워서 생활하지. 예전에 종이에 직접 만화를 그릴 때는 엎드려서 했었어. 자세가 편하면 상상력이 막 솟아나거든.”

뭐, 그렇다면 할 말이 없었다.

“주장하는 글은 딱딱하게 느껴지기 쉽지. 하지만 읽는 방법을 잘 알게 되면 아주아주 재미있는 글이야. 이 책은 주장하는 글이다. 자, 주장하는 글을 어떻게 읽어야 하는지 알려 주마! 첫 번째, 글을 읽을 때 한 문단씩 끊어서 읽어라. 끊어서 읽다가 모르는 낱말이 나오면 앞 문장과 다음 문장을 파악해서 낱말의 뜻을 짐작해 봐라. 그래도 모르겠으면 인터넷에서 낱말의 뜻을 찾아봐야 해. 국어사전을 찾아보면 더 좋겠지만 요즘은 사전을 잘 사용하지 않는 것 같으니까."

상미 아빠가 검지손가락을 휘두르며 말했다.

"그리고 한 문단을 읽을 때마다 그 문단에서 제일 중요한 말이 뭔지 생각해 봐. 중요한 말은 중심 내용이겠지? 이런 식으로 읽으면 전체 내용도 이해하기 쉽단다. 내 말이 무슨 말인지 알아듣겠지?"

"아니요."

솔직히 하나도 모르겠다.

"그래, 뭐 모를 수도 있다. 다시 한번 설명하마."

상미 아빠는 조금 전에 했던 말을 다시 한번 천천히 말했다. 한 문단씩 끊어서 읽기! 모르는 낱말이 나오면 앞뒤 문장

을 보고 짐작하기! 그래도 모르겠으면 낱말 뜻 찾아보기! 중심 내용이 뭔지 생각하며 읽기!

"꼭꼭 씹어서 맛있게 먹어라."

상미 아빠는 세 바퀴를 데구루루 굴러 소파 앞으로 갔다. 그러더니 눈 깜짝할 사이에 소파 위로 올라가 누웠다.

'빵 만들기를 꼭 배워야 해!'

나는 상미 아빠가 시키는 대로 책 한 권을 모두 읽었다. 1, 2학년도 쉽게 읽는 책이어서 그런 건지, 상미 아빠가 알려 준 대로 읽어서 그런 건지, 쉽게 읽을 수 있었다.

"음. 말귀를 잘 알아듣는군."

상미가 어른처럼 말했다.

"다음으로는 인터넷에서 강아지에 대한 정보를 모두 찾아 봐라. 다음에 읽을 책은 강아지에 관한 책이니까. 그동안 나는 한숨 자야겠다. 어제 일하느라고 밤을 새웠거든."

상미 아빠가 돌아누웠다. 금세 코 고는 소리가 들렸다.

"네가 읽을 책에 대해 배경지식을 쌓는 거야. 배경지식을 쌓으면 책을 읽을 때 내용을 이해하기 쉽거든."

상미가 컴퓨터를 켜며 말했다.

상미와 함께 강아지에 대한 정보를 많이 찾아봤다. 꼭 강아지 박사가 된 듯했다.

"이 책을 읽어라. 이 책은 검둥개의 주장이 담긴 책이야. 검둥개의 주장을 생각하며 읽어 봐."

잠에서 깬 상미 아빠가 책 한 권을 주었다.

상미 아빠가 준 책은 『나도 행복해지고 싶어요』라는 책이었다.

고민 해결 도사의 쏙쏙 정보

'주장'이란 '어떤 일에 대한 자신의 의견을 내세우는 것'을 말해.

주장하는 글을 읽을 때는 글쓴이의 주장이 뭔지, 왜 그렇게 생각하는지 살펴보며 읽어야 해.

그러면 글쓴이의 생각을 잘 알 수 있고, 글의 내용도 잘 이해할 수 있어. 또 글쓴이의 생각과 내 생각을 비교할 수 있어 좋지.

검둥개 이야기

나는 큰 목소리로 짖을 수가 없어요.

내가 시끄럽게 짖으면 이웃 사람들이 싫어한다고 큰소리로 짖을 수 없게 하는 수술을 했거든요.

나는 친구를 만나도 신나게 떠들고 소리칠 수 없어요. 내 생각과 마음을 전할 수도 없어요. 나는 좋은 음식을 먹어도 맛있는 줄 모르겠어요. 행복하지도 않아요.

나는 마음을 말로 표현하는 것이 큰 행복이라고 생각해요. 예전의 나처럼 시끄럽게 짖는 개가 있다면 그러지 말라고, 인내심을 갖고 꾸준히 가르쳐 주세요. 목소리를 내지 못하게 하는 수술을 하지 말고요. 왜냐하면 우리도 생각과 마음을 말로 표현해야 하거든요.

다시는 나와 같이 슬픈 일을 당하는 개들이 없어야 해요.

"검둥개의 주장을 생각하며 읽었니? 검둥개는 어떤 생각을 하고 있지?"

상미 아빠가 물었다.

"마음과 생각을 말로 표현하는 게 행복이라고 생각한대요. 자기처럼 슬픈 일을 당하는 개들이 없어야 한다고 했어요."

말하다 보니 콧날이 시큰해졌다. 검둥개가 말도 못하게 가여웠다.

"제 주장도 검둥개와 같아요. 사람들이 불편하다고 개의 목소리를 뺏는 건 옳지 않아요. 불쌍한 검둥개."

나는 찔끔찔끔 나오는 눈물을 손등으로 문질렀다.

"오호! 검둥개를 직접 만나고 온 거 같네."

상미가 놀라워했다.

"표범 수영복! 진짜 우냐?"

상미가 코를 훌쩍거리는 나를 빤히 바라봤다.

"사람들한테 화가 나서 그래. 순전히 자기들밖에 모르잖아!"

나는 콧물을 들이마시며 말했다.

"어떡하지? 노민이 네가 화낼 일이 또 있는데. 이번에 읽을 책은 『나도 행복해지고 싶어요』 2권이야. 이것도 개들의 주장이 담긴 슬픈 이야기야. 혹시 미리 울래?"

상미가 눈꼬리를 축 늘어뜨리고 우는 표정을 지었다. 역시 상미다. 엄청 얄미웠다.

"그냥 무턱대고 읽지 말고."

상미 아빠가 누운 채 두 다리를 번쩍 들어 오른쪽 발가락으로 왼쪽 발가락을 벅벅 긁으며 말했다.

> **고민 해결 도사의 쏙쏙 정보**
>
> '까닭'이란 '주장을 뒷받침하는 사실이나 이유'를 말해. 주장에 대한 까닭을 알면 글쓴이의 생각을 더 잘 알 수 있어. 그러므로 글쓴이의 주장을 알아보고 그 까닭을 살펴보면 글을 확실히 파악할 수 있어.

"이번에는 주장은 물론이고 까닭도 생각하며 읽어라."

"여기서 아주 중요한 것! 어떤 문제에 대한 주장은 '~하자', '~해야 한다', '~라고 생각한다'라는 말로 표현하곤 해."

"책을 읽을 때 많이 본 거 같아요."

"흠흠, 아주 모르는 건 아니구나. 그리고 까닭을 드러내는 문장은 '왜냐하면 ~때문이다' 같은 말이 많이 쓰이지."

"오호. 쉽게 가르쳐 주시네요! 머리에 쏙쏙 들어와요."

"나는 가르치는 게 아니란다. 선생님이 아니거든. 나는 고민 해결 도사야. 네 고민을 해결해 주는 거지."

유기 동물 보호소 이야기

여기는 가족에게 버려진 동물이 모여 있는 유기 동물 보호소예요. 개들이 대부분이지요. 이곳에 있는 개들은 며칠 안에 가족을 찾거나 새로 입양 가지 못하면 안락사를 당해요. 안락사는 주사를 맞고 죽는 거예요.

누렁이: 어떤 사람들은 우리를 장난감으로 여겨. 귀엽다는 생각에 덥석 사서 키우다가 우리에게 화풀이하기도 하고 괴롭히기도 해. 자기보다 약하다고 해서 동물을 함부로 대해서는 안 된다고 생각해. 왜냐하면 동물도 사람과 마찬가지로 귀한 생명이기 때문이야.

얼룩이: 우리 주인은 내가 귀찮다며 버렸어. 여행 갈 때 맡길 데가 없어 고민하다가 날 버린 거야. 길에 버려졌을 때 마음이 많이 아팠어. 무섭기도 하고 말이야. 동물을 키우려고 한다면 신중하게 생각한 뒤 결정해야 해. 한 생명을 책임지는 중요한 일이기 때문이야.

하양이: 나는 몸이 아파서 버려졌어. 우리 주인은 병원비가 비싸서 날 치료할 돈이 없대. 난 우리 주인만 바라보고 살았는데 말이야. 우리가 아프면 가족과 같이 치료해 주고 보살펴 주어야 한다고 생각해. 이 세상은 사람과 동물이 더불어 사는 곳이니까.

누렁이와 얼룩이 그리고 하양이 말에 다른 개들은 모두 '워엉' 하고 소리쳤어요. 누렁이, 얼룩이, 하양이 주장에 찬성한다는 뜻이에요.

상미 아빠가 돌아누웠다.
"휴우."
나는 책을 읽고 한숨이 나왔다.
"예삐도 유기 동물 보호소에서 입양했어."
상미가 예삐를 쓰다듬으며 말했다.
"나는 모두의 주장이 마음에 와닿아. 강아지를 가족으로 맞이해 키우기 시작했으면, 슬플 때나 기쁠 때나 가난할 때나 부자일 때나 끝까지 함께해야 한다고 생각해."

　상미가 어디서 많이 듣던 말을 했다. 아하! 막내 이모 결혼식에서 주례 할아버지가 했던 말이다.
　"예뻐뿐 아니라 우리 마음이도 다리를 다친 채 버려졌었어. 너무 늦게 치료를 받는 바람에 지금도 다리 하나가 불편해. 누렁이 주장대로 동물도 귀한 생명이야. 하양이 주장대로 세상은 사람과 동물이 함께 어울려 사는 곳이고. 아프면 치료를 받게 해 주어야 해."
　상미는 힘주어 말했다.

상미의 생일

상미네 집에 들어서는 순간 깜짝 놀랐다. 집을 잘못 찾은 줄 알고 현관문을 다시 확인했다. 분명히 상미네 집이 맞았다. 앞에 서 있는 사람도 상미 아빠가 맞았다.

"들어오다 말고 왜 도로 나가려고 해?"

상미 아빠가 물었다. 수염을 깎고 옷을 말끔히 입은 상미 아빠는 딴 사람 같았다.

"무슨 일 있어요?"

"오늘이 우리 예쁜 딸 생일이거든. 뷔페에서 생일 파티를 하기로 했지. 초대장 못 받았니? 초대장 만드는 거 같던데?"

"못 받았는데요."

나는 상미를 바라봤다. 갑자기 섭섭한 마음이 밀려왔다.

"꼭 초대장을 보내야 하는 건 아니야. 노민이 너는 오늘 우리 집에 오기로 되어 있었으니까, 초대장을 보내지 않은 거야. 같이 가자."

상미가 환하게 웃으며 말했다.
"생일 파티에 가려면 선물이 있어야 하는데, 초대장을 못 받아서……."
선물도 챙기지 않고 생일 파티에 가는 게 좀 미안했다.
생일 파티에는 내가 아는 아이가 있었다. 같은 수영장에 다니는 '물개'라고 불리는 아이였다. 물개의 몸이 다부져 보였다. 그 옆에 서니 내가 한없이 작고 초라해 보였다. 이럴 줄 알았으면 나도 운동을 열심히 하는 건데.
물개는 음식도 많이 먹었다. 맛있는 것만 골라 먹는 나와는 달랐다.
'많이 먹어야 운동도 잘하고 근육도 생기는 거야.'
물개가 이렇게 말하는 거 같았다. 이에 질세라 다섯 개의 접시 가득 음식을 담아 왔다.
"아이구야! 노민아. 너 그거 다 먹을 수 있어? 먹을 만큼만 가져다 먹지 그러니. 괜히 남기지 말고."
상미 아빠 눈이 커졌다.
"많이 가져온다고 돈을 더 내는 것도 아니잖아요."
나는 기분이 나빴다. 못 먹을 거면서 괜히 욕심만 부린다는 말로 들렸다.
"저길 봐."
상미 아빠가 벽에 붙은 안내문을 가리켰다.

"저게 뭔데요?"

"공익 광고 글이야."

나는 벽에 가까이 다가가 천천히 글을 읽은 뒤, 음식이 수북이 담긴 접시들을 바라봤다. 절대 먹을 수 없는 양이었다. 나는 음식물 쓰레기가 이렇게 많이 버려지는 줄 몰랐다. 충격이었다.

'이걸 어떻게 다 먹지?'

물개에게 지기 싫어서 잔뜩 가져왔는데, 큰일이었다. 음식을 버리는 게 꼭 돈을 버리는 거 같다는 생각이 들었다.

"저런 글은 사람의 마음을 움직이려는 글이야. 지금 저 공

음식물 쓰레기를 줄입시다

하루에 버려지는 음식물 쓰레기는 1만 4,000톤이 넘고 음식물 쓰레기를 처리하는 비용도 점점 늘어나고 있다. 남겨서 버려지는 음식물 쓰레기는 온실가스 배출, 악취 발생, 토양 오염 등 환경을 오염시킨다. 자원과 환경을 위해 음식물 쓰레기를 줄이는 일! 우리 모두가 해야 할 일이다.

익 광고 글을 보고 마음이 움직였다면 다섯 접시 다 먹어라."

"거, 걱정하지 마세요. 다 먹을 거니까."

나는 심호흡을 하고 음식을 먹기 시작했다. 상미 아빠가 내 접시에 있는 음식을 조금씩 먹어 주었다. 하지만 먹어도 먹어도 끝이 없었다. 이걸 언제 다 먹나, 걱정하고 먹어서인지 배가 살살 아프기 시작했다. 그런데 다 먹기도 전에 배에서 천둥소리가 났다. 나는 화장실로 뛰어갔다.

변기에 앉자마자 볼일을 봤다. 등을 타고 땀이 줄줄 흘렀다. 이마에도 땀이 솟았다. 볼일을 보면서도 남은 음식이 걱정이었다.

'공연히 물개를 이기려고 했어. 잘 먹는 거로 이겨서 뭐 한다고.'

후회되었다.

"으헉."

휴지가 조금밖에 없었다. 나는 손바닥보다 작은 휴지로 조심해서 닦았다. 볼일을 보고 나왔지만 아무래도 찝찝해서, 수도를 틀어 놓고 계속 손을 비볐다.

"더 세게 틀어야지!"

그때 벽에 붙은 안내문이 눈에 들어왔다.

소중한 물 콸콸 흘려 버리시겠습니까?

물이 부족한 나라에서는 마실 물이 없어
죽어 가는 아이들이 있습니다.
별생각 없이 지금 흘려 버린 물이
지구의 누군가에게는
생명을 살리는 소중한 물일 수도 있습니다.
우리 모두 물을 아낍시다.

나는 정신이 번쩍 들었다. 수도만 틀면 물이 콸콸 나와서 우리나라가 물이 넘치는 곳인 줄 알았다.

"이 뷔페 사장님은 지구를 엄청나게 사랑하는 사람인 거 같아. 다음에 또 와야지."

나는 다음에 오면 먹을 만큼만 담을 거라고 결심했다.

서로 다른 두 의견

예삐가 상미 다리를 긁으며 낑낑거렸다. 뭔가 해 달라고 조르는 거 같았다. 다른 개들도 예삐를 따라 상미 옆으로 모여들었다.

낑낑, 왕왕, 멍멍…….

개들은 상미를 향해 낑낑거리고 쉼 없이 짖어 댔다. 나는 간식 통에서 개껌을 꺼내 개들 입에 하나씩 물려 주었다. 그래도 소용없었다.

"산책하러 나가자는 거야. 다 같이 나가자."

상미 아빠의 '나가자'는 말에 개들이 현관문 앞으로 뛰어나갔다.

가까운 공원에는 사람들이 많았다.

"저기 저 할아버지는 강아지를 엄청 싫어하시고 불편해하셔. 우리 길 건너 공원으로 가자."

상미가 노란 모자를 눌러 쓴 할아버지를 가리켰다.

길 건너에 있는 공원에는 사람들이 거의 없었다. 하지만 어수선했다.

"터널 공사 때문에 아직도 어수선하군. 언제 끝나려나?"

상미 아빠는 벤치에 비스듬히 앉았다.

공원 건너편에는 터널 공사를 한다는 현수막이 걸려 있었다. 군데군데 공사를 하기 위한 재료들이 쌓여 있었다. 포클레인도 있었다. 하지만 공사를 열심히 하는 것 같지 않았다.

"찬성이다, 반대다, 싸우다 보니 공사가 제대로 되지 않는 거야. 오랜만에 따뜻한 햇빛을 봐서 그런지 잠이 쏟아지는군."

상미 아빠는 이렇게 말하며 벤치에 누웠다.

우리 동네 터널 공사에 대해서는 나도 엄마에게 들은 적이 있다.

"강아지 데리고 산책 나오셨군요? 이것 좀 읽어 보세요. 주민이라면 당연히 찬성해야죠. 그래야 우리 동네가 발전할 수 있거든요. 발전을 해야 집값도 쑥쑥 오르고요."

어떤 아주머니가 상미 아빠에게 다가가 종이 한 장을 내밀었다. 상미 아빠는 몸을 비비적거리며 일어났다. 아주머니가 가고 나자, 이번에는 웬 아저씨가 다가왔다.

"우리 후손들에게 훼손되지 않은 자연 그대로를 물려줘야지요. 개발만 한다고 해서 다 좋은 건 아니에요. 무분별한 개발이 나중에 우리에게 독이 될 수도 있습니다. 지구가 왜 점점 뜨거워지고 있겠어요? 자연보호를 하지 않아서입니다."

아저씨도 종이 한 장을 내밀며 말했다.

"이 두 글에는 서로 다른 주장이 드러나 있구나. 글을 쓴 사람이 무얼 말하고 싶어 하는지 생각하며 읽어 보렴."

"주장과 까닭을 찾아봐야겠네요. 서로 다른 주장이 무엇인지 비교도 하고요."

"오호, 대단한데?"

상미 아빠가 흐뭇해했다.

슝슝 터널을 뚫어야 합니다

터널을 꼭 뚫어야 합니다.
왜냐하면 교통이 훨씬 편리해지기 때문입니다. 터널을 뚫으면 시내로 출퇴근하는 차들이 멀리 돌아가지 않아도 되고, 시간과 기름을 절약할 수 있습니다. 또 고속도로로 들어가는 길과 가까워져서 여행 갈 때도 편리합니다. 당연히 집값도 오르고 상권도 발달하게 됩니다.

"한쪽은 터널을 뚫어야 한다는 주장이에요. 까닭은 교통이 편리해지고 집값도 오르고 상권도 발달해서래요. 다른 한쪽은 터널을 뚫으면 안 된다는 주장이에요. 터널 공사로 자연이 파괴된다고요."

나는 말을 하면서 깜짝 놀랐다. 주장하는 글을 요약하다니, 갑자기 천재가 된 기분이었다.

"오호. 방노민, 대단하다! 그런데 너는 어느 쪽 주장에 찬성이냐?"

상미 아빠가 물었다.

"저는 터널 공사 반대 의견에 찬성이에요. 왜냐하면 편리

슝슝 터널 공사를 반대합니다!

터널을 뚫어서는 안 됩니다. 터널 공사를 하면 자연이 파괴됩니다. 우리 동네 뒷산은 여러 가지 동식물이 많이 살고 있습니다. '자연 숲길 체험길'은 많은 어린이가 찾고 있는 곳이기도 합니다. 터널 공사를 하면 자연이 망가집니다. 그리고 터널이 생기면 고속도로를 이용하려는 차들이 몰려 매연으로 공기도 나빠집니다.

한 것도 좋지만 자연과 환경을 생각하는 게 더 중요하다고 생각하거든요. 저 산에 있는 '자연 숲길 체험길'은 저도 자주 가는 곳이고요. 거기 가면 맑은 공기와 자연환경 덕분에 스트레스가 확 풀려요."

"그래. 네 주장을 까닭과 함께 잘 말하는구나."

상미 아빠가 웃었다.

"그래서 다음에 제가 한턱 내려고요."

나는 산책을 마치고 돌아오며 상미 아빠에게 말했다.

"왜?"

상미 아빠 눈이 휘둥그레졌다.

"그동안 가르쳐 주셔서 고맙다는 뜻으로요. 오늘이 마지막 날이잖아요."

"벌써 마지막 날이구나. 하지만 나는 너를 가르친 적 없다. 고민을 해결해 줬을 뿐이야. 그리고 난 초등학생이 한턱 내는 걸 얻어먹는 양심 없는 사람도 아니야. 어쨌든 이제 고민은 좀 해결된 거지?"

"그럼요. 아주 멋지게 해결되었지요. 내일 학원에서 시험 보는데요. 어쩐지 민호를 이길 수 있을 거 같아요. 뭐, 이번에 이기지 못해도 괜찮아요. 읽고 쓰는 게 되게 재미있어질 거 같은 느낌이 팍팍 들거든요. 그러니까 제발 한턱 쏘게 해 주세요. 한턱 안 쏘면 제가 양심 없는 아이가 될 거 같아요."

"우하하, 뭘로 한턱 쏠 건데? 궁금하긴 하다."

"바로 이거죠!"

나는 '빵 하루 마음대로 먹기' 쿠폰을 흔들었다.

"와, 아빠. 마음대로 먹어도 되는 거면 마음대로 가져와도 되는 거잖아요? 큰 가방을 가져가야지. 냉동실에 넣어 놓고 심심할 때마다 하나씩 꺼내 먹게."

상미는 신이 났다.

"적당히. 적당히 가져와라. 맛있는 것도 너무 많으면 맛없게 느껴지거든."

상미 아빠가 상미를 말렸다.

집에 들른 상미는 엄청나게 큰 가방을 들고 나왔다. 나는 상미와 함께 제과점으로 갔다.

"하하하. 가방이 엄청 크구나. 좋아! 먹고 싶은 걸 가득 담아 가라."

제빵사 아저씨가 갓 구운 빵들을 가리켰다. 상미는 가방에 빵을 담기 시작했다. 영양과 맛은 따지지도 않고 잡히는 대로 넣었다.

"내가 빵에 대해 좀 아는 편이거든. 건강한 재료가 들어가야 건강한 빵이야. 둘러보고 잘 생각해서 담아."

나는 진지하게 말했다.

"빵인데 다 비슷하겠지 뭐. 그리고 노민이 네가 빵에 대해 뭘 알아? 혹시 쿠폰이 아까워서 그러니? 후회돼서 그래?"

상미가 말도 안 되는 소리를 했다.

"아니거든."

"아니면 좀 비켜."

상미가 나를 밀었다. 그 바람에 나는 단팥빵 쟁반으로 넘어지며 바닥에 엉덩방아를 찧었다. 단팥빵 쟁반에 담긴 빵도 모두 바닥에 떨어졌다. 나는 참을 수가 없어, 벌떡 일어

나 상미를 힘껏 밀었다. 상미도 바게트 빵과 함께 넘어졌다. 제빵사 아저씨가 달려왔다.

"너, 진짜."

상미가 나를 쏘아보더니 밖으로 휙 나가 버렸다.

'이제 상미 집에 안 가도 되니까 상관없어. 화가 나거나 말거나.'

나도 집으로 와 버렸다.

'에이, 짜증 나. 잠이나 자야겠다.'

나는 집에 오자마자 침대에 벌렁 누웠다.

'아, 찜찜해. 왜 이렇게 찜찜하지.'

나는 뒹굴뒹굴하다가 두 손으로 머리를 잡고 흔들었다. 찜찜한 기분은 점점 더 커졌다. 상미는 실수로 나를 밀었던 건데 나는 화가 나서 상미를 힘껏 밀었다. 그것도 후회가 되었고 상미가 뛰쳐나갈 때 잡지 않은 것도 후회가 되었다.

'전화해서 미안하다고 할까? 아니야, 상미는 지금 화가 많이 나 있을 텐데.'

나는 휴대폰을 들고 계속 고민했다.

지이이잉.

그때, 문자가 왔다. 상미였다.

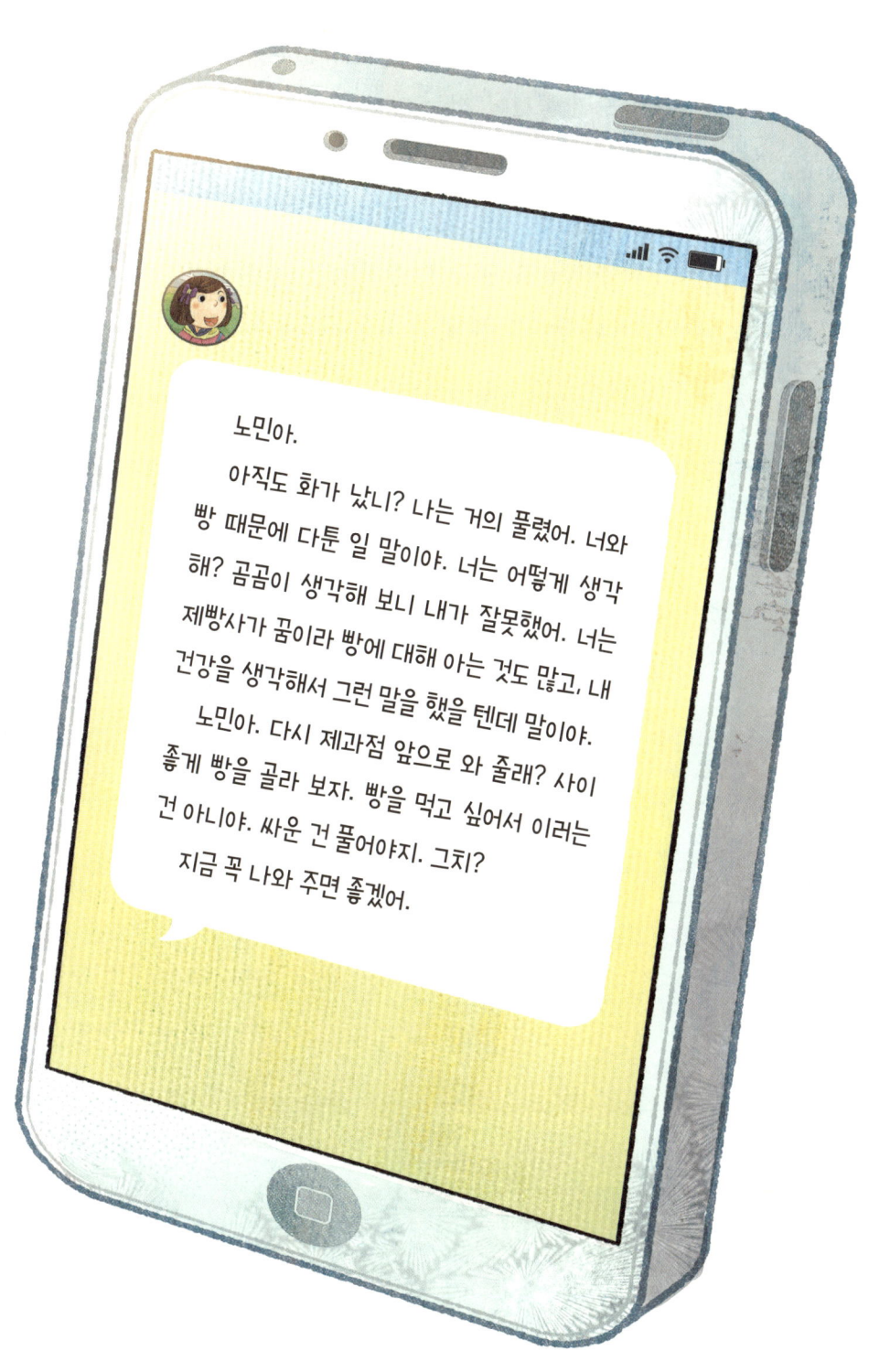

피식 웃음이 나서 문자를 다시 한번 읽었다. '어떻게 생각해?', '나와 주면 좋겠어.'라는 말이 마음에 쏙 들었다. 아마 '빵 사게 나와라.'라고 자기 생각을 명령하듯 했으면 기분 나빴을 거다.

'음, 주장하는 말을 할 때는 이렇게 하는 게 좋은 거구나. 듣는 사람이 기분 상하지 않게.'

나는 곧장 제과점으로 달려간다고, 문자를 보냈다.

공부도 잘하는 제빵사

학원 시험은 쉬웠다. 중심 낱말도 잘 찾았고 중심 문장도 잘 찾았다. 가장 어려운 건 내용 간추리기였다. 하지만 그것도 잘 해냈다.
"와. 노민이가 공부를 열심히 했구나. 다 맞았어!"
학원 선생님이 나를 칭찬했다.
"노민이가요? 그럴 리가 없는데."
민호가 두 눈을 동그랗게 뜨고 말했다.
"약 오르지? 민호야. 너희 엄마한테도 꼭 말해 줘. 내가 다 맞았다고."
나는 민호한테 혀를 쏙 내밀어 보였다. 민호 얼굴이 붉어졌다.
나는 학원이 끝나자마자 바람처럼 빠르게 집으로 달려갔다.
땡!
엘리베이터가 1층으로 내려와 멈췄다. 엄마가 엘리베이터에서 내렸다.

"엄마. 나 학원 시험……."

"노민아, 집에 가면 숙제부터 해. 엄마는 미용실에 좀 다녀올게. 수길이 엄마가 머리 모양을 바꿨는데 괜찮더라."

엄마는 손을 내저으며 달려갔다.

"에이, 김빠져."

나는 엄마 뒷모습을 보고 중얼거렸다. 신나게 자랑하고 싶었는데!

엄마는 텔레비전을 틀어 놓은 채 나갔다. 텔레비전에서는 한창 인기 중인 '트로트왕 쟁탈전'이 방송되고 있었다. 지난주에 결승전에 나간 어떤 가수가 노래를 부르기 전에 자신의 이야기를 하고 있었다.

"부모님은 제가 가수가 되는 걸 반대하셨어요. 제가 공부를 잘했거든요. 완전 공부 천재였어요. 부모님은 제가 의사나 변호사가 되길 바랐어요."

듣다 보니 자기 자랑이었다.

"저는 부모님을 설득하기로 마음먹었죠. 제 꿈은 오직 가수였으니까요."

가수의 진지한 고백에 나도 모르게 텔레비전 앞에 앉아 집중했다.

"저는 왜 가수가 되어야 하는지, 가수가 되면 어떤 점이 좋은지, 제 생각을 담아 부모님께 손 편지를 썼죠. 그렇게 부모님을 설득했어요."

"손 편지?"

나는 자리에서 벌떡 일어났다. 나도 내 생각을 편지로 써서 엄마를 설득하고 싶었다. 그냥 말로 하는 것보다는 훨씬 더 나을 거 같았다.

고민 해결 도사의 쏙쏙 정보

주장하는 글쓰기 3단계 법칙을 알려 줄게.

첫째, 내 생각이 무엇인지 정해 봐. 내가 주장하고 싶은 말이 무엇인지 한 문장으로 정리하는 건 중요해.

둘째, 왜 그렇게 생각하는지 이유를 써 보는 거야. 내 생각을 믿게 하려면, 이유가 필요하겠지?

셋째, 읽는 사람이 이해할 수 있게 정리해 봐. 내 생각을 한 번 더 강조하는 거야.

사랑하는 엄마

　엄마! 저, 노민이에요. 드디어 학원 시험에서 만점을 받았어요. 민호를 이겼어요. 엄마, 기쁘죠? 저도 기뻐요. 그런데 민호를 이긴 것보다 더 기쁜 건 제가 국어랑 친해졌다는 거예요. 이제 국어랑 아주아주 친한 친구 사이로 지내려고요.
　엄마. 저는 제빵사가 되고 싶어요. 맛있고 영양이 풍부한 빵을 개발하고 싶어요.
　제 목표는 '빵의 대왕'이 되어 우주에서도 먹을 수 있는 특별한 빵을 만드는 거예요. 우주인들이 먹을 수 있는 빵! 되게 신기하고 궁금하죠?

저는 할 수 있어요. 저는 빵 만들기에 소질이 있다고요. 그러기 위해서는 기초부터 튼튼하게 배워야 한다고 생각해요.

큰길에 있는 제과점 제빵사 아저씨에게 일주일에 한 번 빵 만들기를 배우러 가고 싶어요. 제빵사 아저씨도 가르쳐 주신다고 했어요. 일주일에 한 번은 열심히 빵을 만들고 다른 날에는 열심히 공부할게요.

저는 빵만 잘 만드는 제빵사가 아니라 빵도 잘 만들고 공부도 잘하는 제빵사가 되고 싶거든요. 생각해 보세요. 우주에서 우주인이 먹을 수 있는 빵을 개발하기 위해서는 과학도 잘해야 하잖아요. 그러니까 꼭 허락해 주세요.

엄마의 사랑하는 아들 노민 올림

나는 편지를 화장대에 얌전히 올려놨다.

"자, 이제 자랑 시간!"

나는 상미네 집을 향해 달렸다. 고민을 해결해 준 도사님에게 이 사실을 신나게 전해야지. 막 자랑하면서!

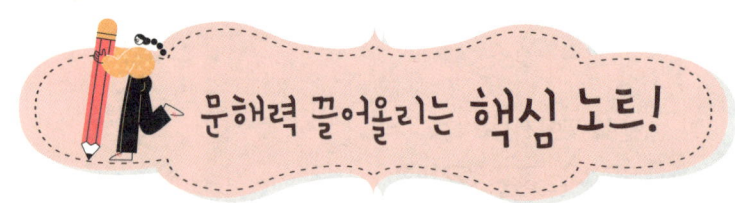

♥ 주장이란?

☝ '주장'이란 '어떤 일에 대한 자신의 의견을 내세우는 것'을 말해요.

주장하는 글을 읽을 때는 글쓴이의 주장이 무엇인지, 왜 그렇게 생각하는지 살펴보며 읽어요. 그러면 글쓴이의 생각을 파악할 수 있고, 글의 내용도 잘 이해할 수 있어요. 또 글쓴이의 생각과 내 생각을 비교할 수 있어서 좋지요.

✌ 여러분도 친구와 이야기할 때 자주 '주장'하고 있답니다.

예를 들어 "점심시간에는 축구하는 것보다 이야기하는 게 더 좋아. 왜냐하면 땀 흘리지 않고 친구와 친해질 수 있으니까."라고 말하는 것도 내 주장(생각·의견)과 까닭(이유·근거)이 들어가 있어요.

🖐 주장은 보통 '~하자, ~ 해야 한다, ~라고 생각한다'라고 표현해요.

까닭(이유)을 드러내는 문장은 '왜냐하면 ~ 때문이다.'가 많이 쓰여요.

 **주장하는 글, 잘 읽는 방법을 알아볼까요?**

1. 한 문단씩 끊어서 읽어요.
2. 모르는 낱말은 앞뒤 문장을 파악해서 뜻을 짐작해요. 사전이나 인터넷으로도 모르는 낱말을 찾아봐요.
3. 문단을 읽을 때마다 중심 내용(제일 중요한 말)을 생각하며 읽어요.

 **주장하는 글, 잘 쓰는 방법을 알아볼까요?**

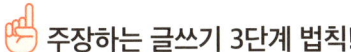 주장하는 글쓰기 3단계 법칙!

1. 내 생각이 무엇인지 정해요(주장).
  - 내가 주장하고 싶은 말이 무엇인지 한 문장으로 정리해요.

  〔주장〕 동물원은 없어져야 해요.

2. 왜 그렇게 생각하는지 이유를 써요(까닭·근거).
  - 내 생각을 믿게 하려면, 이유가 필요해요.

  〔근거1〕 동물도 생명이 있는 존재인데 자유를 빼앗는 것은 옳지 않기 때문이에요.

  〔근거2〕 많은 사람들이 동물을 구경하며 소리를 지르거나 유리를 두드리면

동물이 스트레스를 받을 수 있기 때문이에요.

근거 3 동물원에서 태어나 자란 동물은 야생에서 어떻게 살아가는지 알지 못하기 때문이에요.

3. 읽는 사람이 이해할 수 있게 정리해요(마무리).

  - 너무 길거나 어려운 말은 쓰지 않아요.

  - 순서대로, 읽기 쉽게 써요.

  - 내 생각을 다시 한 번 강조해요.

  마무리 그러므로 동물원은 없어져야 한다고 생각해요. 동물들도 자유롭고 행복하게 살아야 하기 때문이에요.

✌️ 예시를 통해, 나도 주장하는 글 써 보기!

* 초등학생이 쓴 주장하는 글쓰기 예시를 참고하세요.

> 주장: 학교에서 독서 시간은 꼭 필요해요
>
> 저는 학교에서 하루에 20분씩 독서 시간은 꼭 필요하다고 생각해요.
>
> 그 이유는 세 가지예요.

첫째, 책을 읽으면 상상력이 커지기 때문이에요. 책을 읽으면 머릿속에서 그림이 그려져요.

둘째, 책을 많이 읽으면 글쓰기 실력도 좋아져요.

셋째, 친구들과 책 이야기를 나누면 더 친해질 수 있어요.

어떤 친구는 "시간이 없으니까 굳이 책을 읽지 않아도 돼."라고 말하지만, 나는 그럴수록 더 책을 읽어야 한다고 생각해요.

그래서 저는 매일 아침 20분씩, 학교 독서 시간이 꼭 있어야 한다고 주장하고 싶어요.

1. '유기견'에 대해 생각해 볼까요? (37쪽 참고)

주장: 유기견이 생기지 않도록 해야 한다.

누렁이의 이유는 _____

_____

뽀삐의 이유는 _____

_____

나나의 이유는 _____

_____

나의 이유 1. _____

이유 2. _____

이유 3. _____

그래서(그러므로) _____

_____

2. '음식물 쓰레기 줄이기'에 대해 생각해 볼까요? (43쪽 참고)

주장: 남겨서 버리는 음식물 쓰레기를 줄입시다.

이유 1. _____

_____

이유 2. _____

_____

이유 3. _____

_____

나의 이유는 _____

_____

그러므로 음식물 쓰레기를 줄이는 일은 우리 모두가 해야 할 일입니다.

3. '물 절약하기'에 대해 생각해 볼까요? (45쪽 참고)

주장: 소중한 물을 아껴 씁시다.

이유 1. _____

_____

이유 2. _____

_____

나의 이유 _____

_____

_____

그러므로 우리 모두 물을 절약합시다.

 주장하는 글의 종류와 주제 찾기!

- 주장하는 글의 종류에는 선거, 연설문, 광고도 있어요. 학기 초 회장 선거도 주장과 이유를 잘 들어야 당선 확률이 높답니다. 우리가 매일 보는 광고도 그 물건이 좋다는 걸 주장하고 이유를 들기 때문에 사고 싶은 거예요. 주장하는 글은 설득이 중요합니다.

- 주장하는 글쓰기의 주제는 아주 많답니다. 여러분도 찾아보세요.
  1. 쉬는 시간은 15분이 더 좋아요.
  2. 간식을 가져오는 날이 필요해요.
  3. 학교에 동물 동아리가 생기면 좋겠어요.
  4. 학교에서 스마트폰을 사용해도 괜찮을까요?
  5. _____
  6. _____

7. _____

✋ 정리해 볼까요?

- 나의 생각을 주장해 보세요!

내가 주장하고 싶은 것 한 가지를 정해요.

그 주장을 믿게 만들 세 가지 이유를 써 보세요.

마지막으로 내 생각을 다시 강조하면서 글을 마무리해요.

내가 주장하는 내용: _____

_____

이유 1 _____

_____

이유 2 _____

_____

이유 3 _____

_____

마무리 문장 : _____

_____

_____

_____

주장하는 글을 잘 쓰려면, 정확한 생각 + 솔직한 이유 + 읽는 사람을 배려하는 말이 필요해요. 누구나 자신의 생각을 말할 수 있어요. 작고 평범한 생각도, 이유를 담으면 멋진 글이 된답니다!

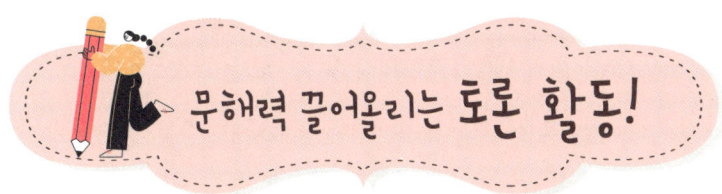

문해력 끌어올리는 토론 활동!

다음 주제문의 찬성과 반대를 살펴보고 토론해 보세요.

여러분의 의견은 찬성인가요, 반대인가요?

주제: 용돈의 일부를 꼭 저축해야 할까?

(찬성) 용돈의 일부는 꼭 저축해야 한다.

어린이는 어른들에게 용돈을 받습니다. 정해진 날에 받기도 하고, 명절이나 행사가 있을 때 받기도 해요. 저는 용돈의 일부는 꼭 저축해야 한다고 생각합니다. 주장

어른들이 용돈을 주는 것은 일부를 저축해 좋은 습관을 들이라는 이유도 있다고 생각해요. 하지만 저축하지 않고 전부 다 써 버리면 나중에 필요할 때 쓸 수 없어요. 그래서 저는 용돈의 일부는 꼭 저축해야 한다고 생각합니다. 근거1 또 용돈의 일부를 저축하는 것은 좋은 습관을 길러 줍니다. 저축하는 습관을 들이지 않으면 어른이 되었을 때 저축하는 게 힘들어진다고 생각하기 때문입니다. 근거2

그리고 용돈의 일부를 저축하면 돈을 관리하는 능력이 생깁니다. 어릴 때부터 돈을 잘 관리하면 성인이 되어서도 돈을 잘 관리할 수 있다고 생각합니다. 근거3

그래서 저는 용돈의 일부는 꼭 저축해야 한다고 생각합니다. 마무리

(반대) 용돈의 일부를 저축하지 않아도 된다.

어린이는 어른들에게 용돈을 받습니다. 어른들은 용돈을 주면서 일부는 저축하는 게 좋다고 말합니다. 하지만 저는 용돈의 일부를 저축하지 않아도 된다고 생각합니다. 주장

어른들은 보통 넉넉하게 용돈을 주기보다 적절한 액수의 용돈을 주십니다. 넉넉하게 아주 많이 주면 괜찮지만 적은 액수의 돈의 일부를 저축하는 건 쉽지 않습니다. 일부를 저축하면 용돈이 많이 부족해져서 사고 싶은 것을 살 수 없습니다. 요즘에는 물가도 많이 올랐기 때문입니다. 근거1 또 용돈의 일부를 저축하면 친구와 자주 어울리기 힘듭니다. 요즘에는 놀이터 외에 여가생활을 즐길 만한 곳에는 돈이 듭니다. 용돈을 저축하면 친구들과 노는 것을 자제해야 할 때도 많을 것입니다. 근거2

그러므로 저는 용돈의 일부는 저축하지 않아도 된다고 생각합니다. 마무리

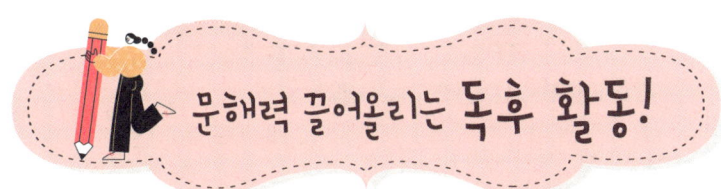

문해력 끌어올리는 독후 활동!

❶ 노민이네 엄마는 따라 하는 걸 좋아합니다. 여러분은 친구들을 따라 하고 싶은 게 있나요? 두 가지만 적어 보세요. 그리고 이유를 생각해 볼까요?

따라 하고 싶은 것 1.
이유:

따라 하고 싶은 것 2.
이유:

❷ 노민이는 민호와 수길이를 따라 하고 싶지 않았어요. 민호가 다니는 학원이나 수길이가 다니는 공부방에도 다니지만 가장 하고 싶은 일은 빵 만드는 법을 배우는 일이었어요. 사람들은 왜 따라 하는 걸 좋아할까요? 여러분의 의견을 적어 보세요.

우리가 다른 사람을 따라 하고 싶은 이유는

❸ 민호의 꿈은 의사입니다. 수길이의 꿈은 과학자가 돼서 노벨상을 받는 거래요. 노민이의 꿈은 무엇이었나요? 여러분의 꿈은 무엇인지 적어 보세요.

노민이의 꿈은 _____ 이다.

내 꿈은 _____ 이다.

그 꿈이 생긴 이유는

주장하는 글 맛있게 먹기

❹ 노민이는 자신의 꿈을 이루기 위해 어떤 노력을 했나요?

두 가지만 적어 보세요.

1. _____

_____

2. _____

_____

❺ 그렇다면 우리는 꿈을 이루기 위해 지금부터 어떤 노력을 해야 할까요?

❻ 만약 여러분이 빵 만들기 대회에 나간다면, 어떤 빵을 만들고 싶은가요?

빵 이름을 지어 주세요.

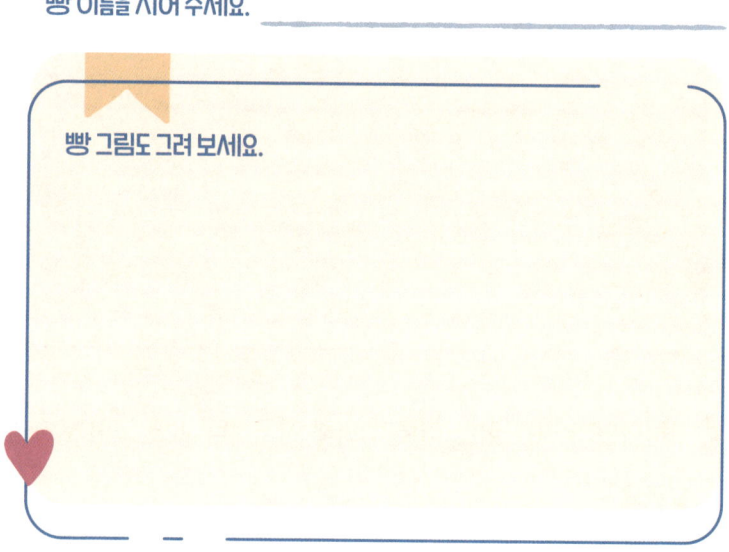

❼ 여러분은 지금, 고민 해결 도사인 상미네 아빠를 만나러 가는 길이에요. 어떤 고민을 상담받고 싶은가요?

8 생일 파티 후 산책을 나간 상미와 상미네 아빠, 노민이는 터널 공사를 두고 의견이 다른 사람들을 만나요. 찬성과 반대 의견을 다시 살펴보고 나라면 어느 편에 서고 싶은지 주장해 볼까요?

나는 터널 공사를 _____ 한다.

이유 1 _____

이유 2 _____

이유 3 _____

그러므로 나는 터널 공사를 _____ 한다.

작가의 말

학교에 강연을 갈 때마다 듣는 말이 있어요.

"문해력이 부족한데 어떻게 해야 하나요?"

문해력이 떨어지는 가장 큰 문제는 책을 읽지 않아서예요. 미디어와 친숙해지면 친숙해질수록 책과는 멀어져요. 요즘은 영상조차도 긴 것보다는 짧은 것만 찾는대요.

책은 재미없는 것! 책을 좋아하지 않는 어린이들은 이렇게 생각해요. 그러다 보니 책과 더 멀어지고 짧은 글을 읽어도 이해하지 못하는 일까지 생기게 된 거예요. 시험을 보는데 질문의 뜻을 몰라서 답을 쓰지 못하는 일도 있고요.

문해력을 키우기 위해서는 책을 읽어야 해요. 하지만 책을 싫어하는 어린이가 긴 글을 읽어 내기는 쉽지 않아요. 동화나 소설 같은 재미있는 이야기 글조차 읽는 걸 힘들어해요. 그러니 설명하는 글이나 주장하는 글과 같은 딱딱한 글을 읽어 내기는 얼마나 힘들겠어요. 딱딱하고 읽기 힘들다고 포기해서는 안 돼요.

주장하는 글을 읽어야 내 생각을 다른 이에게 잘 전달할 수 있는 힘이 생기거든요. 남의 말을 귀담아들을 줄 아는 힘도 생기고요.

나는 '주장하는 글 잘 읽기'와 같은 책이 필요하다고 생각했어요. 그래서 쓰게 된 것이 바로 이 책이에요.

이 책을 읽으면 주장하는 글은 어떻게 읽어야 재미있게 읽을 수 있는지 알 수 있어요. 어떻게 읽어야 기억에 오래오래 남는지도 알 수 있고요. 그야말로 딱딱한 주장하는 글을 꼭꼭 맛있게 씹어 먹는 방법이 나와 있답니다.

이 책을 읽은 여러분 모두가 주장하는 글 읽기의 달인이 되길 바라요.

동화 작가 　박현숙

꼭꼭 씹어 먹는 국어
❶ 주장하는 글 맛있게 먹기
ⓒ 박현숙 2025

초판 1쇄 인쇄일 | 2025년 8월 22일
초판 1쇄 발행일 | 2025년 9월 5일

지은이 | 박현숙
그린이 | 박기종
펴낸이 | 사태희
편　집 | 박선규・**책임편집** | 정현주
디자인 | 김경미
마케팅 | 장민영
제　작 | 이승욱 이대성

펴낸곳 특서주니어
출판등록 제2021-000322호
주소 08505 서울특별시 금천구 가산디지털2로 101 한라원앤원타워 B동 1503호
전화 02-3273-7878
팩스 0505-832-0042
e-mail info@specialbooks.co.kr

ISBN | 979-11-6703-171-6 (73700)

특서주니어는 (주)특별한서재의 아동 브랜드입니다.
잘못된 책은 교환해드립니다. 저자와의 협의하에 인지는 붙이지 않습니다.
저작권법에 의하여 보호를 받는 저작물이므로 무단 전재와 복제를 금합니다.